D0840626

EL BARCO
DE VAPOR

Mi nombre es Skywalker

Agustín Fernández Paz

Ilustraciones de Puño

sm

fundación sm

**La Fundación SM destina los beneficios
de las empresas SM a programas culturales
y educativos, con especial atención a los
colectivos más desfavorecidos.**

Si quieres saber más sobre los programas
de la Fundación SM, entra en
www.fundacion-sm.org

LITERATURA**SM**•COM

*Agradecemos a los alumnos de Educación Primaria de la Escuela Ideo,
en Madrid, la lectura y validación de este texto.*

Primera edición: septiembre de 2019

Gerencia editorial: Gabriel Brandariz
Coordinación editorial: Iria Torres
Coordinación gráfica: Lara Peces
Adaptación y edición del texto: María José Sanz, María San Román

© del texto: herederas de Agustín Fernández Paz, 2019
© de las ilustraciones: Puño, 2019
© Logo de lectura fácil: Inclusion Europe.
   Más información en www.easy-to-read.eu/european-logo
© Ediciones SM, 2019
   Impresores, 2
   Parque Empresarial Prado del Espino
   28660 Boadilla del Monte (Madrid)
   www.grupo-sm.com

ISBN: 978-84-1318-127-1
Depósito legal: M-19942-2019
Impreso en la UE / *Printed in EU*

En sus ojos se veía una infinita tristeza.

MANU CHAO:
Próxima estación: Esperanza

ÍNDICE

1

UN DESCUBRIMIENTO EXTRAORDINARIO

Enfrente de casa de Raquel
han abierto un gran supermercado.

Raquel se pasa el día asomada a la ventana.
Le encanta mirar la calle.
Antes no le gustaba mirar por la ventana,
se aburría porque no pasaban cosas interesantes.

Pero ahora hay siempre movimiento.
Coches que van y vienen
y muchas personas que entran y salen
por las puertas gigantes todo el día.

Este movimiento continuo le recuerda
a las filas larguísimas de hormigas
de la huerta de su abuela.
Raquel se pasaba el día mirando
cómo las hormigas salían y entraban
de los hormigueros.

Raquel conoce bien el supermercado.
Ha acompañado a sus padres muchas veces.

Es un espacio enorme
y dentro hay un montón de tiendas.
Hay una pescadería, un puesto de frutas,
una carnicería, una panadería
y muchas tiendas más.

Pero lo que más hay son pasillos y pasillos
con estanterías muy altas a cada lado.
Las estanterías están llenas de productos.

Todos los sábados,
Raquel va con su madre al supermercado.
Es el día reservado
para hacer la compra de la semana.

Siempre cogen uno de los carros grandes,
y ella lo empuja por los pasillos,
sin chocar con los otros carritos.

Mientras tanto, su madre busca en las estanterías
la leche, el agua, los zumos, las lentejas,
los huevos y todo lo que necesitan.

Al final, el carro acaba siempre lleno
y tienen que empujarlo entre las 2
para llevarlo hasta las cajas para pagar.

Raquel siempre mira alucinada a la cajera.
Le asombra la velocidad con la que trabaja.
Ella coge todos los productos muy rápido,
los pasa por un cristal que suena bip, bip
y en una pantalla aparece el precio de cada cosa.

Después, otro dependiente
guarda los productos en cajas de cartón
y las cierra con cinta.
También lo hace muy rápido,
parece un robot.

Más tarde, el repartidor lleva las cajas a casa.

A Raquel le encanta abrir las cajas
y sacar todas las cosas.
Las cajas parecen regalos sorpresa
como los que recibe en su fiesta de cumpleaños.

Una tarde, Raquel miraba por la ventana
cuando algo llamó su atención.

No eran los coches que iban y venían.
Tampoco era la gente
que entraba y salía deprisa
por las puertas del supermercado.

Lo que llamaba la atención de Raquel era nuevo,
era algo que nunca había visto.
Frente a la puerta de salida,
había un hombre de pie, quieto.
Iba vestido con un pantalón negro
y una chaqueta de cuadros verdes y marrones.

Desde la ventana,
Raquel no veía bien la cara del señor.
Pero cuando se movía un poco,
conseguía verla mejor.
También podía ver una caja pequeña
que tenía en la mano derecha.

Parecía un hombre mayor.
Tenía poco pelo y de color blanco.

Raquel pensaba que ese hombre era especial,
pero no sabía por qué.
Quizás porque parecía una estatua,
siempre quieto en medio de tanta gente.
A lo mejor era su chaqueta de cuadros de colores
lo que le hacía especial.

Pero Raquel se dio cuenta
de que lo especial era que la gente
pasaba a su lado y no le miraba.
Parecía transparente.

Raquel   —¡Nadie lo ve,
                   parece invisible!

Raquel volvió a mirar más atenta.

Raquel   —¡Nada!
                   Nadie le hace caso.
                   La gente pasa delante de él
                   y ni siquiera le miran un poco.

Raquel llamó impaciente a su madre

Raquel   —¡Mamáááá, ese hombre es invisible!

Madre   —¿Qué quieres, hija?
¿Por qué gritas?

Raquel   —¡Mira, mamá, mira!
Ese señor no se mueve.
Está en la acera parado,
enfrente del supermercado.

Madre   —¿Qué señor?
Hoy hay mucha gente.

Raquel   —El señor de la chaqueta
de cuadros verdes y marrones.
El que tiene el pelo blanco
y está de espaldas a nosotras.
¿Lo ves?

Madre   —¿Pelo blanco?
¿Esto qué es?
¿Un juego?
Yo no veo a ningún hombre.
Anda, déjame vestirme,
que voy a hacer unos recados.

¡Su madre tampoco veía al señor!
Definitivamente, tenía que ser invisible.
Eran muchas casualidades.

Raquel quería asegurarse
y siguió mirando por la ventana.
Veía lo mismo de antes:
un hombre quieto
y muchas personas que pasaban
sin hacerle caso.
Solo algunos niños pequeños
se paraban y le miraban.

Raquel estaba completamente segura:
era un hombre invisible.
Pero no podía ser invisible del todo,
había niños que podían verlo.

Por la noche, a la hora de cenar,
Raquel le preguntó a su padre.

Raquel   —Papá, ¿crees que hay
                hombres invisibles?

El padre no sabía qué decir.
Dejó los cubiertos sobre la mesa
y miró a Raquel y a su madre.

Después respondió muy amable.

Padre   —¿Por qué me preguntas eso?
                ¿Lo has visto en la tele?

Raquel   —No, no he visto la tele.
                Solo te lo preguntaba
                por si lo sabías.

Padre   —Pues no, no existen
                los hombres invisibles.
                Solo existen en las películas.
                Es como Superman.
                ¿Crees que vuela de verdad?
                ¿Crees que Spiderman
                salta de un edificio a otro?

                No puedes creer
                todo lo que ves en la tele.
                La mayoría de las veces
                son cosas inventadas.

El padre, preocupado, mira a la madre.

Padre   —Creo que esta niña
ve demasiado la tele.
No se mueve en todo el día.
Por la mañana está en el colegio
y por la tarde en casa.

Tenemos que llevarla al parque,
así jugará más.

Madre   —¡Tiene todos los juguetes que quiere!
Y todas las tardes va al patio
y juega con otros niños.
Lo que pasa es que tiene
mucha imaginación.

Quizás es porque le lees
muchos cuentos.
Por eso tiene tantas fantasías
en la cabeza.

Sus padres siguieron hablando,
pero Raquel no los escuchaba.
Solo pensaba en su secreto
que nadie más sabía.

Quería acercarse a aquel hombre
para saber si era invisible de verdad.

2
EL ENCUENTRO
CON EL HOMBRE INVISIBLE

Madre —Necesito comprar algunas cosas
para la cena.
Voy a bajar al supermercado.

Raquel —¿Puedo ir contigo, mamá?

Madre —Vale, pero ponte otros zapatos
y cámbiate la camiseta.
No puedes bajar a la calle
con esta pinta.

Raquel se cambió los zapatos
y se puso otra camiseta.
Se peinó a toda prisa
y corrió detrás de su madre,
que la esperaba en la puerta del ascensor.

Al llegar a la calle,
cruzaron el paso de peatones
y fueron hacia el supermercado.

Delante del supermercado estaba el hombre
de la chaqueta de cuadros.
Cuando se iban acercando a él,
Raquel se ponía más nerviosa.

Las personas que pasaban a su lado
seguían sin mirarlo.
Pero para Raquel el hombre era muy real.
Tan real como su madre,
que caminaba a su lado.

Por primera vez,
Raquel podía ver al hombre de cerca.
El hombre parecía mayor.
Tenía bastantes arrugas en la cara
y algo de barba.
Su mirada era muy triste.

Con la mano izquierda,
sujetaba un cartón contra el pecho que decía:

NO TENGO TRABAJO.
NECESITO COMER.

Con la mano derecha
sujetaba una pequeña caja de metal
con algunas monedas dentro.
Cuando alguien pasaba a su lado,
movía la caja para que sonaran las monedas.

Cuando pasaron al lado del hombre,
Raquel miró a su madre
para comprobar si lo veía o no lo veía.
Pero su madre pasó a su lado
sin mirarle ni prestar atención,
y entró en el supermercado.

Raquel pensaba que a lo mejor
su madre no lo había visto
porque no se lo había encontrado de frente.
Entonces, esperó a ver si su madre
se fijaba en el hombre al salir de la tienda.

Raquel y su madre compraron pasta
y un bote de tomate.
También una lechuga, medio kilo de cerezas
y algo de fiambre.

Mientras esperaban la cola para pagar,
Raquel consiguió que su madre le comprara
unos chicles que había al lado de la caja.

Al salir a la calle, se encontraron de frente
con el hombre invisible.
Estaba quieto, como una escultura,
con el cartel en el pecho y la cajita en la mano.

El hombre las miró y extendió el brazo
para acercarles la caja.
Raquel se quedó parada y miró a su madre
con toda atención.
Quería saber si su madre veía al hombre.

Pero su madre no lo veía.
Era como si el señor fuera transparente
y pudiera verse a través de él.
Como ocurre con las pompas de jabón.

Pero Raquel sí que lo veía.
Tenía arrugas en la cara, los ojos hundidos,
el pelo blanco y un poco de barba.

Raquel también veía el cartel
y la cajita de metal con algunas monedas.
Y sobre todo se fijó en su mirada.
El hombre tenía una mirada muy triste.

Raquel no pudo fijarse en más cosas
porque su madre tiró de su brazo
para volver a casa.

Al entrar en el piso,
lo primero que hizo Raquel
fue correr hasta la ventana.
Quería descubrir si el hombre seguía
allí abajo, sin moverse.

Ahí estaba el hombre, quieto,
como un árbol plantado en medio de la acera.
Las personas iban y venían a su alrededor:
sin tocarlo, sin verlo,
como si el hombre no fuera real.

Raquel   —Ahora ya no tengo dudas:
                    ¡es invisible!

Se sentía contenta y nerviosa a la vez.
Estaba segura de que no se había equivocado.
Había descubierto un secreto,
¡un gran secreto!

Raquel   —Tengo que hacer algo
                    antes de que el hombre desaparezca.

Raquel no quería que el hombre
se hiciera invisible también para ella.

3
EL VISITANTE DE LAS ESTRELLAS

Durante los días siguientes,
Raquel siguió observando al hombre
que solo ella podía ver.
Siempre estaba quieto en el mismo lugar,
frente a la puerta del supermercado.
Raquel no sabía si estaba también por la mañana,
mientras ella estudiaba en el colegio.

Cada día que pasaba, Raquel tenía más ganas
de hablar con el hombre invisible.
Así que un día pensó un plan
para bajar sola a la calle.

Sus padres solo la dejaban salir
para hacer algún recado
en alguna tienda cerca de casa.

Raquel   —Mamá, voy a bajar a la librería.
             Necesito una cartulina
             para hacer un trabajo del colegio.

Madre   —Vete, pero ten cuidado.
             Y vuelve pronto.
             Y también compra pan.
             Coge dinero de mi monedero.

Raquel cogió unas monedas y salió de la casa.
Mientras esperaba el ascensor,
sintió vergüenza por la mentira
que había dicho a su madre.

No necesitaba la cartulina,
pero no se le había ocurrido otra excusa
para conseguir bajar sola a la calle.
Además, pensó que no era una mentira tan grande.
¡Por fin iba a poder hablar con el hombre invisible!

Cruzó la calle por el paso de peatones
y corrió hasta el supermercado.
El hombre misterioso estaba en el mismo lugar.
Sujetaba el cartel con una mano
y la caja de metal con la otra.
Parecía una estatua, siempre con la misma postura.

Raquel compró el pan y se acercó al hombre.
Se quedó quieta, mirándolo.

El hombre tardó un rato en darse cuenta
de que había una niña que le miraba.
Por fin, después de mirarla varias veces,
la observó fijamente y le preguntó:

Hombre —¿Y tú qué quieres, niña?
¿Qué haces ahí parada,
mirándome como una boba?

Era la primera vez que Raquel escuchaba hablar
al hombre, y sus palabras le sonaron extrañas.
Hablaba con acento extranjero.
Ahora estaba segura de que el hombre
venía de un país lejano.

Raquel seguía mirándolo.

Hombre —¿Qué te pasa, niña?
¿No sabes hablar?
¿Por qué me miras así?

Raquel —Conozco tu secreto.
Conmigo no tienes que disimular.
Puedes estar tranquilo,
nadie lo sabe.

El hombre miraba a la niña asombrado.
No entendía lo que le decía.

Hombre —¿Y puedo saber yo ese secreto?
Seguro que a mí me lo puedes contar,
¿verdad?

Raquel se acercó más al hombre y le sonrió.

Raquel —¡Claro que te lo puedo contar!
Sé que eres invisible.
Bueno, pero para mí no lo eres.
No sé por qué, pero yo puedo verte.

El hombre miró con ternura a la niña.
Guardó el cartel y la caja de metal
en una bolsa de plástico que sacó del bolsillo.
Después fue hacia las escaleras
de un portal cercano y se sentó en ellas.
Llamó a la niña y le dijo:

Hombre —Ven, vamos a sentarnos un poco.
Estoy muy cansado de estar de pie.

Raquel se acercó y se sentó a su lado.

Hombre —¿Y cómo has descubierto mi secreto?

Raquel —Porque me paso las tardes
mirándote desde la ventana.
Vivo allí enfrente, en el cuarto piso.

Hombre   —Pero si me ves,
      ¿cómo puedes decir que soy invisible?

Raquel   —Pues porque solo te veo yo,
      no sé explicarte por qué.
      A lo mejor es porque soy pequeña.
      Me he dado cuenta
      de que algunos niños también te ven.

      Pero las personas mayores
      pasan a tu lado y no te miran.
      Para ellos no existes,
      es como si fueras transparente.
      Por eso sé que eres invisible.

El hombre se quedó callado durante un rato,
pero por fin habló:

Hombre   —Tienes razón, soy invisible.

Raquel   —¡Bien! ¡Lo sabía!
                 Pensé que ibas a decir que no.
                 También creí que ibas a desaparecer
                 cuando te lo dijera.

Por primera vez, el hombre sonreía con ganas.

Hombre   —No, mujer, no.
                 ¿Cómo le iba a hacer yo eso
                 a una niña tan lista?

Raquel estaba emocionada.
Había descubierto el secreto de aquel hombre.
Quería conocer más detalles de su vida.

Raquel   —¿Es verdad que no tienes dinero?
                 ¿Tampoco tienes trabajo?

Hombre   —¡No, mujer, cómo va a ser verdad!
                 Para conseguir dinero
                 no me pondría aquí.
                 Nadie me mira, no me ven.

Raquel   —Entonces, ¿qué haces delante
                 del supermercado todo el día?
                 ¿O no me lo puedes decir?

El hombre se quedó pensando y no respondió.
Su cara se entristeció, pero pronto volvió a sonreír.

Hombre　—Sí. Te lo voy a decir.
　　　　　Pero tienes que guardarme el secreto
　　　　　para siempre.
　　　　　¿Me lo prometes?

Raquel　—¡Sí, sí! Te lo prometo.

El hombre no sabía cómo empezar a hablar.
Solo miraba hacia el cielo.
Empezaba a hacerse de noche.
Después de un rato, bajó la voz y dijo:

Hombre　—En verdad, vengo de muy lejos.
　　　　　¡Yo soy un visitante de las estrellas!
　　　　　Ahora ya conoces mi secreto.

Raquel escuchaba al hombre asombrada.

Hombre　—Vengo de un planeta muy lejano.
　　　　　Es un mundo mucho más avanzado
　　　　　que el vuestro.

　　　　　Hace tiempo que queríamos saber
　　　　　cómo eran los habitantes de la Tierra.
　　　　　Por eso me mandaron a mí
　　　　　para estudiar lo que hacen y piensan
　　　　　las personas de este planeta.

Raquel	—¡Entonces eres como un explorador!
Hombre	—Pues sí, como un explorador. Por eso estoy aquí todos los días, porque este es un buen lugar para conocer a los humanos. En este supermercado entra y sale mucha gente. Yo leo en sus cerebros. Así sé todo lo que piensan, lo que quieren y lo que les preocupa.
Raquel	—¿De verdad que puedes leer en nuestros cerebros? ¿También en el mío?
Hombre	—En todos, no. Por ejemplo, no puedo leer tu cerebro. Para poder hacerlo, tendrías que pasar distraída a mi lado. Como pasan casi todas las personas que entran y salen del supermercado.

Raquel se quedó callada,
pensando en lo que acababa de oír.
Ahora sí que entendía todo.

¡Vaya secreto, un hombre de las estrellas!
¡Era lo mejor que le había ocurrido en toda su vida!

Raquel estaba emocionada,
no podía creer lo que había descubierto.

Hombre —¿Y a ti no te espera nadie?
¿No estarán preocupados tus padres?

Raquel —Tengo que marcharme ya.
Es muy tarde.
Seguro que mi madre
está preocupada.
Llevo mucho tiempo fuera de casa.
Pero volveré otro día.
Tienes que contarme más cosas.

Por cierto, yo me llamo Raquel.
¿Cuál es tu nombre?
¿O también es un secreto?
Puedo llamarte el Hombre Invisible,
o el Hombre de las Estrellas,
que es más bonito.

Hombre —Me llamo Skywalker.

Raquel —¡Skywalker!
¡Te llamas como el de La guerra
de las galaxias!

Hombre —Sí, como el de La guerra
de las galaxias.

Hombre   —No sé si ya lo sabes,
pero Skywalker quiere decir
el hombre que camina por el cielo.
Eso es lo que yo he hecho
durante toda mi vida,
y lo que voy a hacer en el futuro.

Raquel   —¡Adiós, Skywalker!
Volveré pronto.
Tienes que hablarme más de ti
y de tu planeta.
¿Me lo prometes?

Hombre   —Claro que te lo prometo, Raquel.
Pero no te olvides:
es un secreto entre nosotros.

Padre —Claro que puede haber vida
en otros lugares del espacio.
Es lo que dicen los científicos.

En el universo hay muchas estrellas.
No puede ser que nosotros seamos
los únicos seres del universo.

Raquel seguía escuchando muy atenta a su padre.

Padre —La verdad es que han ocurrido
cosas inexplicables.
Todavía hay muchos misterios
que no se han resuelto.

Yo no me creo ese cuento
de los platillos volantes.
A lo mejor algún día
encontramos una explicación
a estos misterios.

Madre —No le cuentes fantasías a tu hija.
Deja de llenarle la cabeza
con historias de extraterrestres.

Padre —Mujer, no es malo que la niña
tenga fantasías a su edad.
Deja que sueñe con su imaginación.

La madre no pensaba lo mismo que el padre.
Estaba preocupada por las cosas
que su hija le contaba.

Madre   —Anda, dile a tu hija que te cuente
el juego de leer el pensamiento.
¡Tengo la cabeza mareada
con ese juego!

Padre   —¿Qué juego es ese, Raquel?
¿Por qué no me lo cuentas a mí?

Raquel   —Vale, te lo cuento.
Muchas veces,
cuando miro por la ventana,
juego a adivinar lo que piensan
las personas que pasan.

Padre   —¿Y puedo saber cómo lo haces?

Raquel   —Es fácil.
Solo elijo a una persona cualquiera
e imagino lo que le pasa
en ese momento por la cabeza.

Padre   —¿Por qué no jugamos ahora?
Todavía no es de noche,
tenemos tiempo para jugar un rato.

El padre se levantó y fue hasta la ventana.
Raquel iba detrás de él.
Los dos se asomaron a mirar la calle.
Las tiendas ya habían cerrado,
pero todavía había mucha gente por la calle.

Padre   —Me pido empezar yo el juego.
              Elijo a aquel hombre
              que lleva una cartera tan grande.

Raquel   —Vale, ahora tienes que mirarlo
              con mucha atención.
              Y después dices en voz alta
              qué va pensando.

Padre   —Pues va preocupado
              porque ha estado mucho tiempo
              en la oficina y llega tarde a su casa.
              Tiene que hacer horas extra
              para pagar el colegio de los hijos
              y la casa nueva que han comprado.

Raquel   —¡Papá, es mucho más fácil!
              Está preocupado
              porque le aprietan los zapatos.
              ¿No ves cómo se mira los pies?
              Hoy ha estrenado los zapatos
              y quiere llegar a su casa
              para quitárselos.

Raquel y su padre seguían mirando por la ventana.

Padre —¿Ves aquel chico que pasa ahora
por delante de la librería?

Raquel —¡Ese sí que es fácil!
Ese chico se siente feliz,
¿no ves que va cantando?
Se ha enamorado de una chica
que también lo quiere a él.

Seguro que ahora va a buscarla
para salir a dar un paseo
a la luz de la luna.
Por eso está tan alegre.

Raquel y su padre lo estaban pasando muy bien,
pero la madre los llamó para que volvieran.
Mientras cerraba las ventanas, el padre dijo:

Padre —Es un juego muy bonito.
Mañana seguiremos jugando.
Quiero que me enseñes
cómo haces para leerles tan bien
el pensamiento a las personas.

Pasaron los días.
Raquel seguía observando a Skywalker
desde la ventana de su casa,
aunque ahora era distinto.

De vez en cuando,
el hombre invisible movía la cabeza
para ver si Raquel le miraba tras los cristales.
Si la encontraba allí, la saludaba con la mano.

Y Raquel hacía lo mismo,
también lo saludaba con la mano y le sonreía.

Pero esto no ocurría todas las tardes.
Muchos días, Raquel no estaba tras los cristales.
Como hacía muy buen tiempo,
Raquel iba con su madre a jugar al parque
con otros niños de su colegio.
Y se quedaba allí hasta que anochecía.

Algunas veces, Raquel volvía a hablar
con su amigo de las estrellas.
Pensaba una excusa para salir a comprar
y bajaba corriendo
hasta donde estaba Skywalker.
El hombre invisible siempre la recibía
con mucha alegría.

Así, poco a poco,
Raquel fue conociendo la vida de Skywalker
en el lejano planeta en el que vivía antes.

Skywalker le contó que era músico.
Vivía en una pequeña casa con jardín.
Un jardín con rosales y azaleas,
pero también con otras flores muy distintas
de las que crecen en la Tierra.

También le contó que había escrito poemas
y que, en su mundo, la vida era muy distinta.

Raquel lo escuchaba asombrada.
Las palabras de Skywalker eran muy hermosas,
como las de un cuento maravilloso.

Después de cada conversación,
el hombre invisible le recordaba el secreto
que tenían.

Skywalker —Nadie puede saber lo que hablamos.
¡Es nuestro secreto!

Raquel —No hace falta que me lo recuerdes.
Nunca voy a contarlo.
Sé guardar un secreto de amigos.

Pronto llegó el final del curso
y empezaron las vacaciones.
Por un lado, Raquel se sentía triste
porque le gustaba estar con sus amigas en el cole.
Pero, por otro lado,
se alegraba de poder dormir más
porque no tenía que madrugar tanto.

Nada más levantarse,
Raquel se asomaba a la ventana.
Comprobaba que Skywalker ya estaba
frente al supermercado.

Raquel pensaba que el trabajo de explorador
de su amigo era muy cansado.
Pasarse todo el día de pie no era cómodo,
ni siquiera para un extraterrestre.

Pero también pensaba que el supermercado
era el mejor sitio para investigar a los humanos.
Por allí pasaban miles de personas diferentes
a lo largo del día.

Raquel admiraba mucho lo que hacía su amigo.
Estaba segura de que la investigación de Skywalker
sería la mejor de todo su planeta.

Un día, a la hora de comer,
Raquel se asomó a la ventana
y descubrió que Skywalker no estaba donde siempre.
Se extrañó mucho porque pensaba que su amigo
estaba allí durante todo el día.

Por un momento,
pensó que había terminado la investigación
y se había vuelto a su planeta.
Sin embargo, se acordó de que su amigo
le había prometido que no se marcharía de la Tierra
sin despedirse de ella.
Entonces se sintió tranquila.

Pero volvió a ocurrir lo mismo
durante los días siguientes.
Cuando Raquel se asomaba a mediodía,
Skywalker no estaba en su sitio.

5

UNA CONVERSACIÓN EN LA CASA DE LOS GATOS

Raquel estaba muy intrigada
por las desapariciones de Skywalker.
Así que decidió investigar cómo y cuándo
el hombre desaparecía de su sitio.

Un día, mientras su madre preparaba la comida,
estuvo asomada a la ventana todo el tiempo.
A las 2 de la tarde, comprobó que Skywalker
metía el cartel y la caja de metal
en la bolsa de plástico y se marchaba.

Skywalker iba a una casa que estaba muy cerca.
Era un edificio que habían construido hacía tiempo,
pero que no habían terminado.
Estaba abandonado.
La puerta de entrada estaba cerrada
con unos tablones de madera.
En las paredes se veían los ladrillos
y las ventanas no tenían cristales.

Raquel conocía bien esa casa.
Su madre la llamaba la Casa de los Gatos.
Había un montón de gatos que salían y entraban
de la casa por el hueco de la puerta.

Skywalker llegó hasta la casa,
empujó la puerta y se metió dentro del edificio.

Raquel quería saber lo que hacía su amigo
en esa casa sin habitantes.
Fue hasta la cocina y le preguntó a su madre:

Raquel   —¿Puedo bajar a comprar el pan?

Madre   —Claro, pero no tardes.

Raquel compró el pan
y corrió hasta la Casa de los Gatos.
Al llegar a la puerta, la empujó y entró
en una habitación muy oscura.

Al principio le costaba ver,
pero enseguida encontró a Skywalker.
Estaba sentado en un cajón de madera,
al fondo de la habitación.
Cocinaba algo sobre un hornillo de gas.

Raquel caminó hacia él, y el ruido de sus pasos
sobre los ladrillos rotos asustó al hombre.

Skywalker —¿Quién anda ahí?

Raquel —¡Hola, soy yo, no te asustes!

Skywalker —¡Vaya susto que me has dado!
¿Qué haces aquí?
Deberías estar en casa comiendo.
Tu madre se va a enfadar.

Raquel no hizo caso de lo que su amigo le decía.

Raquel   —¡Así que comes aquí!
                  ¿Qué hay en esa cazuela?

Skywalker   —¡Sopa de verduras!
                  Los hombres del espacio
                  necesitamos comer todos los días
                  sopa de verduras.
                  Es el alimento que nos da
                  la energía necesaria para vivir.

Raquel   —¿Y no podéis comer otras cosas?

Skywalker   —Sí, pasta, fruta y lentejas.
                  Cualquier alimento,
                  menos carne o pescado.
                  Para eso hay que matar animales,
                  y ningún habitante de las estrellas
                  lo haría.

Raquel   —¿Adónde vas por las noches?
                  ¿O duermes también aquí?

Skywalker   —¡No, no puedo dormir aquí!
                  Por la noche,
                  este lugar se llena de gatos.

Raquel   —¿Y entonces dónde duermes?

Skywalker   —¡Es un secreto, no te lo puedo decir!

Raquel   —A mí tienes que contármelo.
          Ahora ya sabes
          que sé guardar bien un secreto.

Skywalker —Tienes razón.
          Sé que puedo confiar en ti.

El hombre hablaba despacio,
le costaba encontrar las palabras.

Skywalker —Cuando llega la noche,
          abandono la Tierra.
          Tengo que volver al espacio
          para recuperar las fuerzas
          que he perdido durante el día.
          Estar aquí 24 horas seguidas
          sería mortal para mí.

Raquel   —¿Pero no decías
          que tu planeta estaba muy lejos?

Skywalker —No voy hasta mi planeta.
          Me quedo en la Luna.
          La Luna está mucho más cerca.
          Es fácil llegar hasta ella.

Raquel   —Pero para ir a la Luna
          hace falta un cohete espacial.
          Lo he visto en la televisión.

Skywalker —Los hombres de las estrellas
no necesitamos un cohete.

Raquel escuchaba fascinada al hombre.

Skywalker —Yo solo tengo que ponerme de pie
y mirar a la Luna.
Entonces, una fuerza tira de mí
y me lleva a la velocidad de la luz.
Y ya está. En un momento,
aparezco en la Luna.

Raquel —¡Ya lo entiendo!
¡Así es como hacen también
en la serie de Star Trek!
Pero allí utilizan un tubo de cristal
para transportarse.

Skywalker —Nosotros no necesitamos un tubo.
Somos seres muy inteligentes.

Raquel —¿Y qué haces en la Luna tú solo?

Skywalker —¡Oh, no estoy solo!
Allí nos reunimos todos
los que estudiamos este planeta.
Así nos contamos
lo que descubrimos durante el día.
Y después nos dormimos,
cada uno en su cráter.

Raquel	—¿Y cómo volvéis a la Tierra?
Skywalker	—¡Eso es más fácil todavía! Por la mañana nos ponemos de pie dentro del cráter y cerramos los ojos. Pensamos en el punto exacto de la Tierra al que queremos volver y aparecemos justo en ese lugar.
Raquel	—¿Y la gente no se asusta cuando os ve aparecer?
Skywalker	—No. Elegimos lugares solitarios, como la Casa de los Gatos.

Raquel quería hacer más preguntas
y conocer más detalles de la historia.
Pero Skywalker se levantó del cajón y le dijo:

Skywalker	—¿Tú sabes el tiempo que llevas ya aquí? Márchate ahora mismo, o te van a reñir por tardar tanto.

Raquel dijo adiós a su amigo y corrió a su casa.
Tenía miedo de que su madre la regañara.
Pero Raquel tuvo suerte.
Su madre había estado preparando la comida
y no se había dado cuenta del tiempo
que Raquel había estado fuera.

6
LOS HOMBRES DE LA NOCHE

Un sábado, Raquel y sus padres fueron a visitar
a unos amigos que vivían al lado del mar.
Raquel se alegró mucho, porque así jugaba
con su amiga Sara.

La casa estaba en las afueras de un pueblo.
Tenía una piscina, en la que Sara y Raquel
estuvieron metidas casi todo el tiempo.
Las amigas disfrutaron mucho jugando juntas.

Cuando volvieron a la ciudad,
el padre de Raquel propuso ir a ver una película.
Raquel estaba entusiasmada, le encantaba el cine.
Además, siempre tenía que acostarse temprano.
Casi nunca la dejaban estar hasta muy tarde.

Aquella noche vieron una película de animación
sobre animales, muy divertida.
Raquel estaba fascinada con todos esos animales
que parecían de verdad.

Había sido un día perfecto. Hacía mucho tiempo
que Raquel no lo pasaba tan bien.

Cuando volvían a su casa por la calle principal,
Raquel se fijó en algo que le llamó la atención.

En la acera de la calle, sobre el suelo,
había un montón de personas tapadas con mantas.
Estaban tumbadas sobre cajas de cartón
o sobre viejos colchones.

Eran personas que no tenían casa para dormir
y buscaban un lugar tranquilo donde pasar la noche.

Madre   —¡Qué pena me dan estas personas!
                Nadie debería dormir en la calle.
                Deberían existir albergues
                donde pudieran asearse y dormir.

Al pasar a su lado, algunas de las personas
se movieron y levantaron la cabeza.
Raquel se fijó en una de esas personas,
que había asomado la cabeza
por encima de la manta.

Estaba oscuro y no podía ver bien,
pero a Raquel le pareció que ese hombre
era su amigo, Skywalker.

Raquel dudó un momento,
pero pensó que estaba equivocada.
Su amigo no podía dormir en la calle.
Sywalker dormía en los cráteres de la Luna,
junto a otros hombres de las estrellas.

7

EL REGRESO DE SKYWALKER

El lunes por la mañana, al levantarse,
Raquel corrió hasta la ventana a comprobar
si Skywalker estaba en el lugar de siempre.

Y sí, allí estaba, frente a la puerta
del supermercado, como cada día.
Raquel se quedó mirándolo
hasta que el hombre invisible se dio la vuelta.

Cuando la vio, sonrió y la saludó.
Ella le devolvió el saludo.
Después le hizo una señal para decirle
que bajaría a la calle lo antes posible.

Raquel encontró rápidamente
la forma de salir para ver a su amigo.
Su madre quería desayunar leyendo el periódico
y Raquel se ofreció para ir al quiosco.

Bajó las escaleras corriendo.
Compró el periódico en el quiosco
y siguió corriendo hasta llegar al supermercado.

Al verla llegar, Skywalker fue a sentarse
en las escaleras de piedra del portal de siempre.
Raquel se sentó a su lado.

Skywalker —¿Qué tal estás?
¿Has dormido bien hoy?

Raquel no hizo caso a las preguntas de su amigo.
Ella también quería preguntarle algo
y tenía poco tiempo.

Raquel —¿Eras tú el que estaba el sábado
por la noche durmiendo en la calle?

Skywalker se quedó quieto y callado.
No sabía qué responder.

Skywalker —¿Qué dices?
¿Durmiendo en la calle?
Eso es imposible.
Ya sabes que yo duermo en la Luna.
¿No te acuerdas de que te lo dije?

Raquel no respondió.
En el fondo, pensaba que las palabras
de su amigo no eran verdad.
Después de un momento de silencio,
el hombre invisible le dijo:

Skywalker —Tengo que contarte una cosa.
Y no sé si te gustará.

Cuando entró en la casa, enseguida vio a Skywlker.

Skywalker   —¡Has venido! ¡Me alegro mucho!

Raquel   —Claro, te lo prometí.
           Pero solo puedo estar un rato,
           nadie sabe que estoy aquí.

Raquel se dio cuenta de que su amigo
había recogido el lugar.
En el suelo solo estaban la mochila,
y algunas bolsas, y una manta enrollada.

Raquel   —Así que es verdad,
           te marchas.
           ¿Nunca más nos vamos a ver?

Skywalker   —Vuelvo a mi planeta,
           ya te lo he dicho.
           Esta noche abandonaré el mundo
           de los humanos por última vez.
           Por eso te doy este regalo,
           para que te acuerdes de mí
           cuando yo no esté aquí.

Skywalker se agachó y buscó en una de las bolsas.
Sacó un objeto envuelto en hojas de periódico.

Skywalker   —Toma, es para ti.
           Desde que lo vi,
           sabía que te iba a gustar.

Raquel cogió el paquete
y lo desenvolvió con cuidado.
El regalo era una esfera de cristal transparente.
Dentro de la esfera aparecía un paisaje de noche.
En la parte de arriba estaba el cielo,
lleno de estrellas, y una enorme luna llena.
Abajo había unas pequeñas casas
rodeadas de montañas y árboles.

Raquel miraba con asombro la bola.
Parecía una de esas bolas de Navidad
con nieve dentro.

Skywalker —Esta noche tienes que acercarla
a la lámpara y dejarla un rato,
hasta que se cargue de electricidad.
Después, apagas todas las luces
y la miras en la oscuridad.
Ya verás qué sorpresa te llevas.

Raquel se sentía emocionada.

Raquel —Yo también tengo un regalo para ti.
Toma.

Skywalker —¿Un regalo? ¿Para mí?

Skywalker estaba sorprendido.
Cogió la bolsa y sacó de ella una caracola de mar.

Raquel —Un día me dijiste que en tu planeta
había ríos, pero no había mar.
Y que el mar era lo que más
te había gustado de la Tierra.
Por eso te he traído esta caracola.
Cuando la acercas al oído,
se escucha el ruido de las olas del mar.
Así, cuando estés en tu planeta,
siempre podrás recordar el mar.

Skywalker cogió la caracola y la pegó a su oreja.
Al oír el ruido del mar, se emocionó
y unas lágrimas asomaron por sus ojos.

Skywalker —Es el regalo más bonito
que me han hecho nunca.
Me alegro mucho
de haberte conocido.
Te voy a echar de menos
cuando esté otra vez en mi planeta.

Los 2 amigos se acercaron y se abrazaron
emocionados durante un rato.
Era un abrazo triste, porque los 2 sabían
que nunca más se volverían a ver.

Skywalker —¡Márchate ya, venga!
Te van a echar de menos en tu casa.
¡Adiós!

Raquel envolvió otra vez la bola de cristal.
Abrió la puerta de la Casa de los Gatos
y se marchó corriendo hasta su casa.

● 9

UNA LUNA COMPARTIDA

Esa noche, una luna grande y redonda
apareció en el cielo.

Raquel se asomó a la ventana
y se quedó mucho tiempo mirándola.
No se cansaba de mirarla.
Pocas veces había visto la luna
tan brillante y luminosa.
Parecía que estaba muy cerca de la Tierra.

Raquel pensaba que podía tocarla
si extendía los brazos.

Padre   —¿Qué haces tanto tiempo
en la ventana?
¿Es que nunca has visto
la luna llena?
Ya es tarde, es hora
de irse a la cama.

Raquel seguía embobada, mirando al cielo.

Raquel —¿Te digo un secreto, papá?
Pero tienes que prometerme
que no lo vas a contar.

Padre —¿A nadie?
¿A mamá tampoco?

Raquel —Bueno, a mamá puedes contárselo,
si quieres.
Allá arriba, en la Luna,
está ahora un amigo mío.
Se llama Skywalker.

El padre escuchaba con atención a su hija.

Raquel   —Durante un tiempo
ha vivido en la Tierra,
entre nosotros.
Ha estado investigado
cómo somos los humanos.

Padre   —¡Qué imaginación tienes, hija!

Raquel seguía hablando,
mientras miraba a la Luna.

Raquel   —Va a quedarse en la Luna
unos días, pero después
volverá a su casa.
Porque él vive en un planeta
que está muy muy lejos del nuestro.

Padre   —¡Cuántas cosas inventas!
Vas a ser escritora
o directora de cine.
¡Pero ahora tienes que dormir!
A ver si sueñas también
con ese amigo tuyo extraterrestre.

El padre de Raquel la ayudó a acostarse.
Le dio un beso y apagó la luz.

Padre　　—¡Buenas noches, hija!

Cuando se quedó sola en su habitación,
Raquel se levantó y encendió la lámpara.
Después fue hasta el armario
y sacó la bola de cristal.
La acercó a la lámpara de la mesilla
y la dejó unos minutos cerca.
Después apagó otra vez la luz,
como le había dicho Skywalker.

De repente, la luna y las estrellas
del interior de la bola empezaron a brillar.
Y la habitación se iluminó por completo.

Raquel estaba asombrada.
No podía creer lo que estaba viendo.
Lo que había ocurrido parecía un milagro.

Pero el milagro duró solo unos segundos.
Porque el brillo se fue apagando poco a poco,
y la oscuridad llenó de nuevo la habitación.

Raquel sabía que la bola volvería a brillar
todas las veces que ella quisiera.
Así que la guardó en el armario y se acostó.

Desde la cama, veía la luna en el cielo.
Ella imaginaba que su amigo estaba allí,
descansando en su cráter.
Su amigo necesitaba un descanso.
Había pasado muchos días de pie,
delante del supermercado,
sin que le hicieran caso.

Raquel se sentía triste, pero contenta a la vez.
¡Era una suerte haber conocido a Skywalker!
¡Y compartir con él un secreto tan grande!

Raquel seguía pensando en su amigo.
A lo mejor él también estaba pensando en ella
en ese mismo momento.
Quizás tenía poderes para verla, desde el espacio,
tumbada en la cama.

Por si acaso, Raquel miró fijamente la luna
y le mandó un beso de buenas noches con la mano.
Enseguida se quedó dormida.

Mientras Raquel dormía,
Skywalker viajaba en un tren de carga.
Iba tumbado sobre una manta
en el suelo de uno de los vagones.
Y miraba la misma luna que Raquel.

Pensaba que era una suerte
que el vagón no tuviera techo.
Así, mientras viajaba, veía las estrellas y la luna
que brillaban sobre un cielo muy negro.

A su lado viajaban otros hombres invisibles como él.

El tren pasaba por ciudades y campos enormes.
Al llegar a una estación, se paraba
para que los viajeros bajaran.
Cada estación era una nueva ciudad,
desconocida para ellos.

TE CUENTO QUE PUÑO...

Puño siempre quiso viajar a otros planetas.
Sobre todo desde la primera vez que fue al cine.
Fue con su abuela y ponían **Star Wars**,
una película de extraterrestres.
El protagonista de la peli se llamaba Skywalker,
como el de este libro.
Desde ese día, Puño ha leído todos los libros
y cómics que ha encontrado sobre naves espaciales,
seres de otros planetas y galaxias lejanas.

Puño tiene bigote y gafas, 2 gatas
y una bicicleta amarilla y negra.
Tiene un montón de amigos de todos los colores
que hacen que el mundo sea menos gris.
Vive en Colombia, dibuja para los demás
y enseña a otros cómo tener ideas bonitas y útiles.
Sueña con vivir cerca de la playa,
en una casa con jardín.
Un jardín que tenga un limonero
y una maceta con perejil.

TE CUENTO QUE AGUSTÍN FERNÁNDEZ PAZ...

Cuando Agustín era pequeño,
en su casa no había televisión.
Sus padres le contaban historias de fantasmas
alrededor de una cocina de hierro.
Agustín escribía historias de las cosas
que pasaban a su alrededor,
pero casi todas sus historias hablan
de algo que le ocurrió de pequeño.
Cuando Agustín empezaba a escribir una historia
no sabía cómo acabaría,
pero el esfuerzo merecía la pena.
Con sus historias, él quería ayudar
a que el mundo fuera un poco mejor.

Agustín Fernández Paz nació en Galicia.
Fue maestro de Primaria y Secundaria,
crítico de libros y editor.
Le gustaban mucho la educación y la literatura.
Ganó premios como el Nacional de Literatura,
El Barco de Vapor y el Gran Angular.

Si te ha gustado
este libro, visita

LITERATURA**SM**•COM

Allí encontrarás:

- Un montón de libros.
- Juegos, páginas descargables y vídeos.
- Concursos, sorteos y propuestas de actividades.

¡Y mucho más!

 Para padres y profesores

- Noticias de actualidad, redes sociales
  y suscripción al boletín.

- Propuestas de animación a la lectura.

- Fichas de recursos didácticos y actividades.